AF258106

LA

QUESTION DES DOUANES

EN COCHINCHINE

PARIS

CHALLAMEL ET Cie, ÉDITEURS

LIBRAIRIE COLONIALE

5, RUE JACOB, ET RUE FURSTEMBERG, 2

DÉPÔT : AUX BUREAUX DE *LA FRANCE COMMERCIALE*

97, RUE DENFERT-ROCHEREAU

—

1888

LA

QUESTION DES DOUANES
EN COCHINCHINE

PARIS

CHALLAMEL ET Cⁱᵉ, ÉDITEURS

LIBRAIRIE COLONIALE

5, RUE JACOB, ET RUE FURSTEMBERG, 2

Dépot : AUX BUREAUX DE *LA FRANCE COMMERCIALE*

97, RUE DENFERT-ROCHEREAU

—

1888

LA

QUESTION DES DOUANES EN COCHINCHINE [1]

Le 20 juin 1888, dans sa 260ᵉ séance, la Chambre de commerce de Saïgon mit de nouveau à l'ordre du jour la question des Douanes cochinchinoises.

Il fut donné lecture d'une lettre de M. le Président rappelant que dans sa 256ᵉ séance, la Chambre avait nommé une Commission chargée de faire un rapport sur les Douanes; que cette Commission n'avait pu conclure faute de documents, et aussi par suite de divergence d'opinion entre ses membres. M. le Président terminait en disant qu'il était temps d'en finir avec cette question importante.

On décida que le bureau réunirait les renseignements que la fin du premier semestre permettait d'obtenir, et que dans la prochaine séance on aborderait définitivement cette affaire.

Dans la séance du 27 juin, M. le Président, après lecture de quelques notes très inquiétantes sur les faillites qui se succèdent à Saïgon et sur la chute des importations, donna la parole à M. Rolland, agent des Messageries maritimes, membre de la Chambre, qui lit la note suivante sur l'état désastreux fait à la Cochinchine par le tarif douanier :

(1) Délibérations de la Chambre de commerce de Saïgon.

Lettre de M. Rolland. — On nous avait demandé crédit de quelque temps pour permettre de constater quel serait le résultat de l'introduction en Indo-Chine du tarif général français. Aujourd'hui l'expérience est faite, et a été assez prolongée pour nous permettre d'émettre un avis raisonné. Je dois dire qu'à mon point de vue, il ne diffère en rien de celui que nous émettions dans notre lettre au Sous-Secrétaire d'État, et toutes nos prévisions, toutes nos craintes ont été malheureusement dépassées.

N'êtes-vous pas tous convaincus aujourd'hui, Messieurs, que le tarif général, comme l'aurait eu d'ailleurs tout tarif des Douanes, n'a eu pour résultat qu'une aggravation énorme dans les impôts qui, comme vous l'avez dit à maintes reprises, étaient déjà trop élevés ?

Les conséquences en ont été : une très grande difficulté dans la rentrée de ces impôts, la disparition de tout gain pour les producteurs, un mécontentement général parmi les Annamites, une diminution considérable de toutes les transactions et enfin de nombreuses faillites, soit parmi les négociants chinois, soit parmi les Européens.

Il est vrai que les Douanes ne sont pas les seules coupables, et qu'il y aurait lieu de tenir compte de la diminution du nombre de consommateurs, opérée plus ou moins à propos, et de la contribution exagérée demandée à la Cochinchine pour venir en aide au Tonkin et à l'Annam.

Mais cette dernière opération, qui émane de la plus étrange conception financière et politique, mérite un examen spécial pour être jugée par nous avec toute la sévérité qu'elle mérite.

Je me borne donc aujourd'hui à la question des Douanes qui, à elles seules, suffiraient d'ailleurs pour consommer la ruine de ce pays-ci.

Elles attaquent la production de la richesse de la Cochinchine dans sa vraie source, c'est-à-dire chez les indigènes.

Nous ne saurions trop le répéter, en effet, à ceux qui ne le savent pas, mais qui devraient le savoir, que cette seule source réside ici dans le commerce de riz, et que c'est de lui seul que provient l'argent qui permet à tous les négociants de prospérer, quel que soit leur genre de commerce.

Les Européens importateurs, comme les Chinois exportateurs, ne peuvent prospérer que s'il y a production de riz, c'est là une vérité que personne de vous ne discutera.

Eh bien ! Messieurs, n'est-il pas évident aujourd'hui que le producteur de riz ne trouve plus la rémunération de son travail, et que le plus clair de son gain est absorbé par l'impôt direct ou indirect, et hélas ! par l'impôt clandestin, le plus dangereux de tous, car il est difficile d'apprécier sa valeur (1) ?

N'est-il pas évident aussi que tout travail disparaît lorsqu'il n'est plus rémunérateur ?

A ces résultats tout à fait déplorables, pouvons-nous au moins opposer quelques compensations ? Certains produits français ont-ils pu pénétrer sur notre marché sous la protection du tarif général ?

S'il en était ainsi, nous pourrions peut-être ressentir à première vue une certaine satisfaction patriotique, satisfaction platonique d'ailleurs comme celle dont un Conseil colonial à compétence commerciale médiocre a été animé, lorsqu'il a accepté les Douanes pour la Cochinchine.

N'est-ce pas, en effet, une satisfaction quelque peu austère que celle qu'on éprouve à faire payer à une population qui nous fait vivre, une matière avec une augmentation de prix de plus de 30 0/0 ? Mais cette satisfaction, nous ne l'avons même pas, car depuis l'introduction du tarif général, il n'est pas entré un brin de plus qu'autrefois des marchandises françaises protégées.

Par contre, l'importation des marchandises étrangères similaires est restée à peu près la même, et même, dans certains cas, a quelque peu diminué. Ce fait vient à l'appui de ce que nous disions autrefois : c'est que la protection ne ferait pas entrer de marchandises françaises, mais ferait diminuer les transactions sur des marchandises étrangères dont le prix serait devenu trop élevé.

Je me trompe cependant en disant qu'il n'est pas entré de marchandises françaises, grâce à la protection. Une maison de notre place a réussi par son énergie et en faisant aussi quelques avances au fabricant, à introduire quelques cotonnades blanches françaises. Elle les a vendues aux intermédiaires chinois ou indiens au prix habituel moyen de 2 p. 50 la pièce, et a pu lutter ainsi avec les similaires anglais venant de Singapore, ceux-ci étant, bien entendu, grevés du droit d'entrée.

Ici, Messieurs, je vais vous citer un fait que je me bornerai à

---

(1) Voir *La France Commerciale* du 20 octobre 1887 : « L'usure et la production du riz en Cochinchine.

livrer à vos réflexions : quelques jours après cette vente de produits français, les acheteurs venaient annoncer à l'importateur qu'ils faisaient sur ces produits une perte d'environ 20 0/0, parce qu'ils se trouvaient en face d'une diminution subite du prix des produits anglais. On vend en effet aujourd'hui, à Cholon, les meilleurs tissus (genre connaï) 2 p. 05, ceux-là même qui se vendent à Singapore 1 p. 80 et 1 p. 85. La différence ne représente pas le droit d'entrée, qui est de 0 p. 50 environ.

Il n'est pas très facile de s'expliquer ce fait, et on ne peut faire que les trois suppositions suivantes :

1o En face de la mauvaise tournure des affaires, quelques détenteurs chinois s'empressent de vendre à tout prix, afin de profiter de la première occasion favorable pour disparaître, et cela, bien entendu, sans payer eux-mêmes les marchandises qui leur ont été vendues à crédit ;

2o Les syndicats anglais font importer à Saïgon leurs produits à des prix inférieurs, afin d'écraser dès sa naissance la concurrence française.

Si cette supposition n'est pas encore vraie, elle le deviendra ;

3o Des tissus sont entrés en contrebande, ou bien il y a eu des erreurs de taxation de la part de la Douane.

Il y a quelque raison de croire que cette dernière hypothèse est exacte.

Nous nous trouvons donc en face d'un régime d'une fiscalité effrayante, et sans aucune sorte de compensation.

Je ne sais s'il en viendra quelqu'une dans l'avenir, mais pour le moment il est permis de ne pas tenir compte des tournées et des soi-disant études faites par des représentants de syndicats plus ou moins autorisés.

Nous attendrons, pour les juger, que les brillantes promesses que l'on nous fait aient reçu un commencement de réalisation.

Il est vrai que ce jour-là les filateurs français ne trouveront devant eux qu'un marché parfaitement ruiné.

Ces industriels font sonner bien haut la question de patriotisme ; suivons-les sur ce terrain. D'un côté, nous avons une industrie française représentant certes des intérêts considérables, mais limités cependant ; cette industrie veut avoir le monopole du marché de l'Indo-Chine. De l'autre, nous avons nos colonies naissantes auxquelles le régime protecteur sera néfaste, et des négo-

ciants, français eux aussi, qui sont venus dans ce pays pour y cher-
cher la fortune.

Ils peuvent la trouver en vendant aussi bien des produits étrangers que des marchandises françaises ; la seule question est de
vendre et de vendre beaucoup. Il est aujourd'hui surabondam-
ment démontré que cette vente ne peut avoir lieu que par l'introduction des produits étrangers, sauf pour certaines matières, les
objets d'alimentation par exemple, qui n'ont nullement besoin de
protection. Il paraît évident qu'entre ces deux intérêts opposés, il
n'y a pas à hésiter : celui de la France tout entière est commun
avec celui des colonies, car si celles-ci ne voient pas leur richesse
se développer, elles resteront à la charge de la Métropole et cons-
titueront pour elle un lourd fardeau. Il faut donc à tout prix assurer
l'existence de l'Indo-Chine, et adopter pour cela la politique la
plus propre à développer sa richesse, devrait-on pour cela sacrifier
quelques intérêts particuliers.

Il y va même de l'honneur français, et j'insiste sur ce point, car
en ce moment cet honneur est en jeu. Tout le monde ici sait maintenant, à n'en pouvoir douter, que si le régime commercial auquel
nous sommes soumis continue, il amènera la ruine, non seulement
des pays naissants, mais encore celle de la Cochinchine qui, il y a
quelques années à peine, était dans une situation si prospère et qui
pouvait être considérée comme tout à fait assimilée. Actuellement,
il y a des signes bien évidents de désaffection parmi les indigènes,
et nous ne devons pas oublier que nous pouvons être à la merci
d'une crise européenne.

Je n'insiste pas sur ce point douloureux, je suis sûr d'être com-
pris.

J'estime donc qu'il est du devoir de la Chambre de commerce,
s'appuyant sur sa haute compétence en pareille matière, de pousser
un cri d'alarme ; elle est mieux en situation que personne de ramener le gouvernement de la Métropole et la Chambre des députés à
une meilleure appréciation de l'état actuel de l'Indo-Chine, et son
devoir lui commande de manifester en termes explicites son refus
de s'associer, même par le silence, à une politique dont les conséquences seront funestes aux intérêts, à l'honneur du pays.

Nous devons donc protester de toutes nos forces contre un
régime commercial qui, au point de vue de la protection, n'abou-
tira à aucun résultat utile, et qui d'ailleurs ne paraît avoir été créé
surtout que dans un but fiscal.

Dans l'établissement de ce régime, il n'a été tenu aucun compte des intérêts de la production, et on a dépassé considérablement la limite des impôts que le pays peut supporter.

La Chambre de commerce doit donc émettre le vœu que des mesures soient prises à bref délai pour nous ramener à la situation ancienne, au moins à celle où nous nous trouvions avant l'application du tarif général.

Le salut de la Colonie est à ce prix, et il n'y a pas une minute à perdre ; les recettes prévues pour quelques-uns des principaux chapitre du budget de la Cochinchine sont en déficit, parce que les transactions sur tous les articles d'importation sont diminuées, que les consommateurs effrayés du lendemain restreignent leurs dépenses.

Il faut donc, je le répète, que nous demandions la suppression radicale de toute Douane, soit fiscale, soit protectrice.

RAPPORT DE LA COMMISSION

Historique

Ce n'est pas la première fois que la Chambre de commerce s'occupe de cette grosse question. En 1871, en 1874, en 1883, elle a été posée, et d'une façon complète à cette dernière date. La Cochinchine s'y était alors gravement engagée, car elle avait en quelque sorte demandé la Douane par un vote presque unanime dans une assemblée plénière (décembre 1883) de ses corps constitués, où cette Chambre se trouvait largement représentée : faisons-en notre *meâ culpâ !* Cependant cette affaire traîna encore jusqu'en octobre 1884, époque à laquelle elle fut conclue par un vote du Conseil colonial où une majorité de 11 voix contre 3 acceptait le régime douanier par *patriotisme*, car elle déclarait n'en avoir pas besoin pour ses finances ; puis, par 9 voix contre 5, le même conseil réclamait l'application d'un tarif spécial présenté l'année précédente par le ministère, et qui avait été revu et amendé par notre chambre.

Soit sollicitude de nos gouvernants, soit indifférence ou changement du ministre, ce vote n'eut pas de suites immédiates, et nous vivions tranquilles et confiants dans notre avenir commercial, lorsqu'en 1887, le 12 février, éclata la nouvelle que la loi de finances nous appliquait purement et simplement le tarif général de France.

Le 11 février, en effet, au cours de la discussion de la loi de finances à la Chambre des députés, sur la proposition de

MM. Thomson, Waddington et Dautresme, malgré l'opposition de MM. Peytral et Blancsubé, il est décidé que :

« § 1er....... Tous les produits étrangers importés dans la « Cochinchine, le Cambodge, l'Annam et le Tonkin, seront soumis, « à partir du 1er juin, aux droits inscrits au tarif général de la « Métropole.

« § 2....... Des règlements d'administration publique détermi- « neront les produits qui, par exception à la présente disposition, « seront l'objet d'une tarification spéciale, et les localités où des « entrepôts pourront être établis. »

A Saïgon, un avis officiel annonça le nouveau régime pour le 1er juin. Il venait d'être accepté, d'enthousiasme cette fois et à l'unanimité, par le conseil colonial convoqué au préalable (19 et 28 avril 1887).

Dans notre Chambre il souleva quelques protestations énergiques, étouffées par une majorité... administrative (car, en vérité, « politique » est un bien gros mot pour ce pays-ci). Or nous n'avions pas été consultés à nouveau, et cependant, depuis 1884, les conditions économiques de ce pays avaient terriblement changé, comme vous le savez et comme vous le verrez plus loin. On invoqua à Paris, dans la discussion de la loi de finances, l'avis de la réunion plénière de 1883, vieille déjà de quatre ans, sans tenir compte de l'état de nos affaires commerciales, ni de la perturbation profonde apportée dans nos charges budgétaires !

Le 1er juin, faute de pouvoirs, nos gouvernants ne purent rien faire. Devant l'inquiétude générale et le malaise commercial qui résultaient de l'ignorance dans laquelle on nous tenait, M. Filippini, alors gouverneur, télégraphia au ministre pour demander des instructions ; le ministre répondit qu'il fallait attendre la promulgation du décret. M. Filippini, guidé par nous ne savons quel intérêt, répondit qu'il était prêt, qu'il ne fallait pas attendre des formalités inutiles, et finalement se fit autoriser à percevoir les droits à dater du 1er juillet. De là l'arrêté du 24 juin 1887, qui fut pendant quatre mois la seule base de la nouvelle législation, car le décret, daté du 8 septembre suivant, n'a été promulgué ici que le 18 octobre.

Tel est, Messieurs, l'historique de la question des Douanes. A trois reprises nos gouverneurs, dont deux militaires, nous avaient épargné ce calice de ruine ; à la quatrième, un gouverneur civil

nous a même refusé le bénéfice des lenteurs administratives.
Depuis lors, nous ne sommes point restés indifférents à l'influence
du nouveau régime sur nos affaires cochinchinoises ; plusieurs
interpellations, des rapports, des réclamations sont sortis du sein
de cette Chambre. Le public, qui souffrait, a pu s'inquiéter de
notre inaction apparente ; mais nos efforts étaient et sont restés
vains, faute d'être étayés par des statistiques sérieuses. La Douane
n'a qu'un an d'existence, il fallait ce laps pour en faire ressortir les
effets ; nous allons les montrer, ils donnent malheureusement une
grande puissance à tout ce que nous avons déjà dit, à tout ce que
nous allons répéter.

Tarif général

Et quel tarif nous appliquait-on ? Est-ce au moins le tarif conventionnel, qui est meilleur marché que l'autre et qui sert à presque toutes les transactions de la Métropole ? Non pas ; c'est le tarif
général, l'exagération de la protection, qui ne s'applique là-bas à
peu près à personne ! Nous ne sommes plus du tout le « prolonge-
ment de la patrie » qui jouit du tarif conventionnel, et cependant
nous le redevenons quand il s'agit de nous enlever, comme à nos
compatriotes, le bénéfice de l'admission temporaire. En un mot,
on nous traite en frères ou en ennemis, selon que cela rapporte le
plus.

Exemple : en France, telle cotonnade anglaise entre pour 50 fr.
tarif conventionnel ; ici elle paye 62 fr. tarif général ; voilà l'en-
nemi. Puis, qu'un industriel français fabrique cette cotonnade
avec des cotons ou des filés importés en franchise par suite de l'admission temporaire, et l'envoie dans ces pays : Singapore,
Hongkong, l'étranger enfin, bénéficiera de la franchise, mais Saïgon devra payer ici à l'entrée les droits des filés ou des cotons,
comme nos nationaux : voilà le frère ! de même des aciers, farines,
fers, bougies, savons, huiles, etc., etc.

Un des résultats les plus curieux du système est celui-ci : avant
la Douane, les bureaux de France nous considéraient comme des
étrangers, les articles manufacturés sous le bénéfice de l'admission
temporaire nous arrivaient ainsi à bon marché sans droits là-bas,
sans droits ici, et nous étions de bons clients pour quelques-uns.
Depuis le régime, depuis qu'on nous traite comme des « frères, »

toutes ces matières premières acquittent ici des droits : voilà un marché fermé !

Et c'est ainsi que nos voisins de Singapore et de Hongkong ont de nos marchandises à meilleur marché que nous, ce dont ils doivent bien rire. Nous leur en rachetons peut-être ? et avec avantage ?

M. le sous-secrétaire d'État, par sollicitude sans doute pour notre prospérité, avait pallié dans une certaine mesure l'application brutale qui nous était faite ; il avait admis ici, à titre de marchandises françaises, toutes celles que le tarif conventionnel ou l'admission temporaire avaient en quelque sorte francisées, autrement dit la Douane coloniale acceptait comme certificat d'origine les connaissements et les factures, c'est-à-dire la provenance apparente.

Aussitôt les Chambres de commerce de Rouen, Lille, Bolbec, et bien d'autres sans doute, écrivirent en octobre 1887, au ministre, des lettres indignées, et le tarif général prit pour nous toute sa rigueur (1). Ce que ces industriels peuvent accepter en France, c'est-à-dire la concurrence des produits étrangers entrés au tarif conventionnel, ils n'en veulent plus ici; il leur faut le tarif général qui, comme on le verra plus loin, ne leur suffit pas encore. Mais leur avidité leur a bouché l'esprit, car s'ils souffraient de cette application indirecte qui nous était faite du tarif conventionnel, ils bénéficiaient par contre de l'admission temporaire qu'on étendait ainsi jusqu'à nous, et nos marchés seraient restés d'autant plus ouverts à leurs produits qu'ils auraient été moins chers. Mais, ventre affamé..... !

Et c'est ainsi que les cotonnades payent un droit moyen de 23 °/o, que les fers étirés supportent 21 °/o, les étoffes teintes 50 °/o, la farine 27, la tôle galvanisée pour toiture 29 (2) ; que le sucre est prohibé ; qu'enfin nous sommes écrasés de droits, comme le montre clairement le tableau ci-dessous, qui établit le °/o des taxes sur les principaux articles similaires de la production française.

---

(1) Note de la Douane à l'*Officiel* de Saïgon du 24 octobre.

(2) Ce chiffre est pris sur une facture particulière d'un des membres de la Commission, les tableaux de la Douane n'en donnant pas la distinction.

PRINCIPALES MARCHANDISES SIMILAIRES

*aux produits français, introduites pendant le 1er semestre 1888,
provenance étrangère.*

DÉSIGNATION	VALEURS déclarées EN FRANCS	RÉDUCTION en piastres A 4 FRANCS	DROITS perçus EN PIASTRES	POUR CENT des DROITS	
Tissus de coton............	2.975.423	743.856	178.271	23 °/o	
Vêtements de coton.......	114.066	28.516	5.382	19 °/o	
Parapluies de coton.......	188.825	47.206	7.301	15 °/o	
Cordages.................	28.790	7.197	1.289	17 °/o	
Bougies.................	35.836	8.959	1.279	14 °/o	Tarif général.
Farines.................	162.724	40.681	11.042	27 °/o	
Vernis à l'essence........	6.334	1.583	342	22 °/o	
Fer en barres, angles, T...	33.630	8.407	1.835	21 °/o	
Fer-blanc et étamé........	8.422	2.105	482	22 °/o	
Articles de ménage.......	31.277	7.819	779	10 °/o	

NOTA. — Ces calculs sont faits sur les données de la Douane, avant publication officielle. (Original au dossier.)

Il est bon de faire remarquer que ces calculs sont établis sur les valeurs *actuelles* des marchandises taxées et rehaussées par le droit ; c'est-à-dire que dans la réalité, ces °/o sont plus élevés qu'ils ne paraissent. Une marchandise vaut 125 fr. avec des droits de 25 fr., qui font 20 °/o de sa valeur actuelle déclarée, mais en fait ces 25 fr. font 25 °/o de son ancienne valeur de 100 fr.

Ce tableau ne montre pas tout. Voici une des anomalies nombreuses auxquelles le tarif général donne lieu. Il nous venait de Chine une sorte d'étamine de coton qui sert à faire des serviettes pour les indigènes. Elle est meilleur marché que la moins chère des cotonnades, et fut taxée (n° 364) à 62 fr. pour °/o kilos. Mais elle est rayée de bleu, et (n° 370) c'est là l'objet d'une surtaxe de 60 fr. ; ensemble 122 fr. par °/o kilos! Ainsi cette étoffe qui occupe le dernier rang de l'échelle des qualités, occupe le premier dans celle des droits et acquitte 50 °/o environ de taxe. Nous reviendrons plus loin sur les dangers moraux de ces anomalies.

Première conclusion. — Le tarif général n'est pas équitable, car nous sommes Français, il ressemble à une exaction.

Tarif spécial

Le paragraphe 2 de la loi votée le 11 février, qui édicte un tarif spécial, devait pallier dans une large mesure les rigueurs du tarif général là où elles n'étaient pas utiles pour la protection nationale.

M. Thomson disait, le 11 février 1887 : « Nos industriels et nos « négociants se préoccupent en ce moment de l'Indo-Chine, ils « veulent y développer le commerce français ; mais pour qu'ils « puissent lutter contre la concurrence étrangère, ils ont besoin « qu'on leur vienne en aide et qu'on leur assure les avantages « d'une protection modérée mais efficace. »

Voilà qui est clair, c'est alors l'influence des industriels qui a déterminé le vote, tout le monde est d'accord, ministre, député, commission. Cependant M. Blancsubé, qui avait combattu la Douane dans une brochure de 1885, qui avait des inquiétudes sur ses effets, mais qui était lié par le fameux vote « patriotique » de notre Conseil colonial en 1884, M. Blancsubé, disons-nous, exprimait des craintes, et M. Waddington, l'un des signataires du projet de loi, lui répondit :

« S'agit-il d'appliquer en bloc à notre possession de l'Indo-Chine « le tarif général de la Métropole ? Non, il est évident en effet que « pour un certain nombre de produits qui sont des produits exo- « tiques, il serait illogique de songer à appliquer les droits de la « Métropole. »

Et c'est là-dessus que l'on vote le 2e paragraphe, qui parle d'un tarif spécial qui fera exception au tarif général, évidemment pour exonérer les produits non similaires des nôtres.

D'autre part, l'opinion de Paul Bert et celle de M. Constans sont formelles, les Douanes doivent être protectrices et non fiscales.

PRINCIPALES MARCHANDISES NON SIMILAIRES

aux produits français, soi-disant exemptées par le tarif spécial,
introduites pendant le 1ᵉʳ semestre 1888.

DÉSIGNATION	VALEUR déclarée EN FRANCS	RÉDUCTION EN PIASTRES à 4 francs	DROITS perçus EN PIASTRES	POUR CENT DES DROITS
Médecines chinoises..........	291.284	72.821	7.282	10 °/₀
Joss sticks (bougies de culte)......	207.317	51.829	23.312	45 °/₀
Poterie ordinaire.............	321.205	80.300	13.904	17 °/₀
Papier chinois (toutes qualités)...	495.009	123.752	8.252	6 ¹/₂ °/₀
Allumettes....................	67.194	16.798	3.463	21 °/₀
Pétards.....................	272.081	68.050	6.805	10 °/₀
Thés.......................	657.382	164.345	24.422	14 °/₀
Comestibles chinois..........	153.213	38.300	8.968	23 °/₀
Soies et soieries..............	1.036.119	259.280	25.928	10 °/₀
Vêtements soie...............	254.293	69.574	7.026	11 °/₀
Café.......................	31.410	7.850	2.274	29 °/₀
Pétrole	1.602.527	400.630	57.186	14 °/₀
Planches préparées..........	60.546	15.136	1.122	7 °/₀
Tabac (autre que chinois).........	23.730	5.930	1.708	79 °/₀ (1)

(1) Nous portons ici le tabac, bien que marchandise similaire, parce qu'il
a été spécialisé par le tarif.

Nota. — C'est ici surtout que nous insistons sur la valeur réelle des
marchandises avant les droits. On va voir, par nos calculs ci-dessous,
quel est en réalité, par rapport aux anciennes valeurs, le °/₀ de ces
droits qui ne devraient être que fiscaux.

Etudions quelques articles « exemptés » par le tarif spécial joint
au décret du 8 septembre 1887. Ce tarif comprend 126 têtes d'articles, dont les 3/4 sont inutiles, car ils sont ou des produits de notre
propre exportation, ou des matières premières pour lesquelles ce
pays ne possède pas d'industries et qui n'y viennent pas, par con-
séquent :

1º Poisson sec, peaux, cantharides, musc, dents d'éléphants,
cornes, écailles, huiles végétales, gommes, arachides, etc., etc. :

2º Perles fines, corail, fruits et noyaux à distiller, chanvre, arse-
nic, minerais, mercure, etc., etc.

Parmi les autres produits non similaires et de consommation

réelle, nous relèverons les suivants, qui n'auraient dû par consé-
quent supporter que des taxes fiscales :

(**A**) *Le pétrole*, qui constitue une grosse importation, car il a
pénétré dans la plus petite case du plus petit village. Il valait, avant
février 1887, 1 p. 65 à 1 p. 70 ; après le télégramme qui annonçait
le vote des Chambres, il a atteint de suite 1 p. 95 à 2 p. 10 ; puis,
depuis l'application des droits, il est à 2 p. 35 à 2 p. 50 par caisse (1).
Le droit est de 5 fr. par 100 kilos, au change de 4 fr. adopté par la
Douane, c'est 1 p. 25. On compte 4 caisses pour 100 kilos, soit
(4 × 1 p. 70), 6 p. 80 valeur primitive, dont 1 p. 25 représente plus
de 18 %. Il est vrai de dire que le droit ne paraît pas avoir porté
atteinte à cet article dont l'importation augmente rapidement. Il
n'en est pas moins vrai que ce n'est pas là un droit fiscal, une
exemption, selon l'esprit de la loi.

(**B**) *Le café*, 50 fr. (ou 12 p. 50) les 100 kilos. Sur le grand marché
de Singapore, les cafés valent en moyenne 20 p. le picul ou 33 p.
les 100 kilos, et reviennent ici à 36 p. ; ils ont éprouvé en 1887 une
hausse énorme mais momentanée, et sont revenus à leurs anciens
prix, dont le droit représente 34 % environ.

(**C**) *Le Tabac* ordinaire, autre que celui de la Havane et de Chine,
le tabac belge luxembourgeois, allemand, qui sert à la consommation de la population européenne pauvre, matelots, soldats, ouvriers,
petits employés, chinois et annamites, qui ne peuvent s'habituer
au tabac indigène ou qui s'en déshabituent facilement. Ce tabac
paye un droit de 160 fr. par 100 kilos ou 40 p. ; il se vendait beaucoup aux environs de p. 50 à p. 52. C'est un droit de 80 % ! Le
commerce en est arrêté ; une seule des anciennes marques semble
résister, *le Globe*, elle vaut aujourd'hui 98 à 100 p. Ce droit exorbi-
tant frappe la population européenne et aussi les Annamites aisés
en relation avec elle, car ces tabacs commençaient à entrer dans
leurs habitudes ; c'était un commerce réellement européen qui
naissait et se développait rapidement : il est tué. Nous savons bien
qu'en France le tabac étranger est prohibé ou frappé de droits
prohibitifs ; mais puisqu'on voulait « spécialiser » ce produit chez
nous, il fallait s'en tenir au droit fiscal, suivant l'esprit de la loi.

(**D**) *Le thé* est coté 30 fr. les 100 kilos. Les thés chers viennent
fort peu ici, mais le thé commun est la boisson du peuple. Eh bien !

---

(1) Voir les prix courants de la Chambre de commerce de janvier 1887 à
juillet 1888.

ce produit, exotique indubitablement, se vendait aux environs de 35 p. les 100 kilos en gros à l'entrée, et se détaillait à 0 p. 40 et 0 p. 50 ; le droit fait 7 p. 50 et représente 21 pour cent.

(**E**) Enfin, ce tarif d'exonération produit des effets comme ceux-ci :

Le *chanvre* peigné entre en France gratis ; les cordages achetés dans la Métropole devraient donc, dans tous les cas, entrer ici gratis aussi. Mais non, on a spécialisé le chanvre, et il paye 4 fr. 25 par 100 kilos. Est-ce pour protéger notre industrie ou notre culture ? Nous les attendrons longtemps encore.

Bref, la moyenne des taxes « spécialisées » est de 15 pour cent. avec quelques extras dans les 45 et les 80 pour cent ! Est-ce là une exemption, et ce tarif a-t-il été fait de bonne foi ? Sont-ce là des taxes fiscales ? Non.

Voici, du reste, l'opinion de M. le Directeur général dans son rapport de l'année 1887 (1) :

« En moyenne, le tarif général, *même avec les modifications qu'y*
« *a apportées le décret du 8 septembre,* frappe de droits variant de
« 10 à 20 pour cent un grand nombre de produits que la France et
« ses colonies ne pourront jamais nous fournir et qui sont indis-
« pensables aux populations indigènes de l'Indo-Chine. Ces taxes,
« purement fiscales, sont certainement trop élevées et constituent
« une trop lourde charge pour le peuple annamite. »

Deuxième conclusion. — Le tarif spécial n'est pas fiscal et modéré, selon les déclarations des auteurs mêmes du projet de loi, il édicte des droits réellement protecteurs et inutiles puisqu'il frappe des produits non similaires.

Compensations accordées à la Cochinchine.

Et en échange de ces sacrifices, que nous a-t-on accordé ? Rien.

Nous payons à l'entrée toute notre consommation fort cher ; nous payons à la sortie sur nos riz, paddys et quelques autres articles, et nous payons encore à l'entrée en France sur plusieurs de nos produits, spécialement les poivres dont le droit et de 208 fr. par 100 kilos.

Car l'application du tarif douanier ne nous a pas dégrevés des droits antérieurs, si lourds et si divers. Notre riz paye un droit fixe qui, dans les années de bas prix, comme les deux dernières,

------

(1) Voir la *France Commerciale* des 5 et 20 septembre 1888.

équivaut à 10 et 12 pour cent ; ce droit, nous le payons, réduit à 7 ou 8 °/₀ il est vrai, même pour la France, même pour l'Annam et le Tonkin ! (0 p. 15 par picul pour l'étranger, 0 p. 10 pour la France et les pays de l'Union).

Les droits qui existaient dans les protectorats voisins subsistent toujours, et nous en souffrons ; les marchandises d'Annam et du Tonkin qui nous sont envoyées y acquittent 2 1/2 pour cent *ad valo_ rem*, et les droits de statistique, qui y sont de 0 p. 03 par colis, y font, sur nos riz par exemple, 2 pour cent de droit. Au Cambodge, depuis que nous avons rendu le roi à lui-même, les droits d'exportation sur les marchandises du royaume, ceux de transit sur les produits du Siam, officiellement ou clandestinement, ont été aussitôt réédictés. Barrières de tous côtés à la fois !

Enfin, les passavants de notre Douane ne sont pas reçus par les bureaux de France. Les droits perçus ici à l'entrée ne sont pas déduits sur la liquidation des articles réexportés en France. Un membre de cette Chambre avait fait venir d'Aden quelques ballotins de café pour lesquels il fut taxé 50 fr. les 100 kilos, suivant le tarif spécial ; il en envoya une partie en France à titre de cadeaux et dut y payer les 156 fr. du tarif général. De même pour le thé, les chinoiseries, tout ce qui sort d'ici enfin. Nous savons bien que c'est la loi (du 7 mai 1881), mais l'article 6 du décret du 8 septembre 1887 nous donnait cependant quelque espoir. Il dit « que les « produits spéciaux taxés à un taux supérieur à celui du tarif « général paient intégralement les droits prévus au tarif spécial, « *déduction faite des droits qu'ils ont acquittés en France, en Algérie* « *ou dans les colonies assimilées.* »

Nous comptions sur la réciprocité, c'est-à-dire que le café, par exemple, ayant payé ici 50 fr., n'en paierait que 106 en France, différence entre les deux tarifs ; ce n'eût été que juste (1).

En ce qui concerne l'importation libre des colonies françaises, elle est nulle, et M. le sous-secrétaire d'État, dans une lettre adressée par lui le 19 octobre 1887 aux Chambres de commerce des colonies, faisait ressortir les avantages énormes que notre douane offrait à tous les colons (sauf à nous, cependant ?). Eh bien ! il se trompait.

---

(1) Nous apprenons au dernier moment qu'une maison de Saïgon, ayant acheté ici des cotonnades françaises et les ayant renvoyées en France à titre d'échantillons, avec un passavant de notre douane parfaitement en règle et les déclarant françaises, n'a pas pu les faire accepter en franchise et a dû acquitter les droits !

**

La Réunion est le seul pays à proximité produisant quelque chose dont nous ayons besoin, il pouvait nous envoyer des sucres ; les moyens de transport, les qualités, les prix de revient s'y opposent. Les Chambres d'agriculture et de commerce de cette île nous ont envoyé un délégué, qui s'en est retourné convaincu de l'inutilité de ses recherches. Le rhum ? Mais notre seul droit de consommation, protecteur de notre ferme des alcools, lui interdirait absolument notre marché, s'il n'était pas d'ailleurs arrêté par les mêmes entraves que le sucre.

La côte d'Annam et le Tonkin n'ont à peu près rien à nous fournir ; un peu de sucre qui venait déjà et qui vient encore... plus cher, bien entendu, puisqu'il n'a plus de concurrence.

Pondichéry fabrique des tissus ; nous en avons fait l'essai jadis, ils ne conviennent nullement à nos besoins, et il ne nous en est plus jamais venu. En viendrait-il, que nous pensons que les auteurs de la loi seraient bien étonnés de l'effet de leur mesure de protection nationale, car il est certain que Pondichéry, avec sa main-d'œuvre et le coton à proximité, couperait l'herbe sous le pied de ces messieurs.

Avons-nous enfin des industries coloniales à protéger ? Aucune. Il a été bien entendu d'ailleurs que le *patriotisme* seul a fait accepter par le Conseil colonial le régime douanier pour la Cochinchine. C'est une compensation platonique dont ceux-mêmes qui ont ainsi voté voient aujourd'hui l'insuffisance !

Troisième conclusion. — Les charges du régime douanier n'ont aucune compensation pour nous.

Application du tarif

Notre tarif métropolitain est un monument de législation qui demande, même à des Français, une étude longue et difficile ; il faut des instruments de physique et d'optique pour en faire l'application. Or, nous avons affaire ici à une population qui, dans ses relations avec le fisc, se trouve dans une infériorité certaine. Comment un Asiatique, qui ne dit pas un mot de notre langue, qui ne lit pas nos lettres, qui a été maintenu (sagement d'ailleurs) dans un saint respect pour l'Administration, pourrait-il et oserait-il, s'il le pouvait, isolément formuler et pousser jusqu'au bout une réclamation ? Nous nous sommes livrés à une enquête discrète auprès des négociants chinois. Nous avons recueilli de nombreuses plaintes qui, réprimées jusqu'à présent par la crainte, se réunissent peu à peu, s'encouragent et ne tarderont pas à se faire jour.

Nous savons fort bien que nous ne devons rien accepter en fait de plaintes sans la plus grande circonspection ; nous avons constaté cependant que les erreurs, les facilités, les sévérités, les exigences intermittentes de la Douane sont de conversation courante dans Cholon, et que dans l'esprit d'une population asiatique cela se traduit directement par des soupçons qui font à nos préposés une situation morale difficile à soutenir.

Les principales causes de plaintes sont celles-ci :

On sait de quelle minutie sont les calculs des droits sur les tissus ; la vérification par le destinataire en est la plupart du temps impossible. Eh bien, comment se fait-il que des cotonnades même marque, même poids, même qualité, même prix sur le marché de Singapore, après avoir été cotées (n° 364 du tarif) 62 francs par 100 kilog., deviennent tout à coup aptes au droit de 95 francs ? Erreur, dira-t-on ? Il n'en est pas moins vrai que le résultat immédiat, dans la pensée asiatique, c'est de supposer que le budget est à court et qu'on force la note pour le remettre au point.

On trouve encore que les déclarations exigées avec des poids français déclarés d'avance, sont l'occasion de punitions fréquentes et exagérées. La Douane ne veut pas tenir compte que les ports voisins, d'où nous vient notre plus grosse importation, n'ont pas de bureau de statistique, que les manifestes et les connaissements qui nous en arrivent sont faits sans indication de poids ni de contenu, que le même vapeur qui apporte la marchandise en apporte l'avis souvent sans facture, que beaucoup de marchandises ne se vendent pas au poids, qui n'est jamais facturé et qu'on ignore avant d'avoir pesé. Les préposés exigent des déclarations formelles faites d'avance : on vérifie le poids, il est erroné ; de là des contraventions qui entraînent des amendes non contrôlées, souvent supérieures à la valeur de la marchandise.

Les sévérités sont récentes ; il y a eu des fraudes, on est devenu sévère. Encore ne faudrait-il l'être qu'à l'égard des fraudeurs. Or, dans une lettre de M. le directeur des Douanes au lieutenant-gouverneur, en date du 1er août dernier, et qui nous a été commmuniquée, nous trouvons deux choses qui semblent prouver tout au moins qu'il n'y a pas de fumée sans feu, et que les plaintes que nous avons résumées ont quelque raison d'être.

En juillet, il y a eu pour 1,080 p. de transactions et amendes en 7 cas, dont 4 pour erreur de poids. D'autre part, les recettes, de 67,000 p. en juin, sont montées tout à coup à 97,000 p. en juillet !

Si nous prenons ainsi la défense du commerce asiatique, c'est parce que nous nous plaçons ici au point de vue de l'effet moral ; on comprendra bien que le commerce européen, à même de se rendre compte des sommes qu'on lui réclame et de les discuter, ne fera pas peser de jugement téméraire sur l'Administration. Voilà pourquoi nous ne parlons que de l'opinion des Asiatiques : elle ne saurait être dédaignée, car ils font la plus grosse part de notre commerce.

Tous ces mécontentements tiennent entièrement à la nature du travail des liquidations, et non aux personnes qui les font. L'exemple de cette étamine de coton, que nous avons cité plus haut, est frappant. Voici une cotonnade solide qui paye 62 francs, en voilà une autre très inférieure qui en paye 122 ! On comprend bien le danger de ces écarts en face de gens qui ne peuvent saisir les raisons très compliquées de nos taxes de protection. Pour nous, nous avons toujours trouvé la Douane extrêmement complaisante et soigneuse, et le contrôleur nous a dit lui-même qu'il notait, au fur et à mesure, les anomalies montrées par la pratique, celle entre autres de cette étamine de coton. Nous avons donc, dans l'Administration même que nous combattons, un auxiliaire précieux et sage et plus au courant que nous.

M. le directeur général des Douanes termine son rapport en disant : « Mon administration sera prête à entreprendre le travail « de revision du tarif dès qu'elle aura terminé les statistiques du « premier semestre de 1888. »

Si, pour les causes que nous dirons plus loin, nous ne repoussions pas absolument la Douane, nous serions tout à fait d'accord avec M. le directeur général. Mais, évidemment, il ne pouvait aller aussi loin que nous.

En dehors de ces inconvénients économiques, le tarif choisi en a donc de moraux ; et à ce point de vue encore, il faudrait au moins le changer. Si nous acceptions la Douane sous une forme quelconque, nous montrerions combien tout serait plus facile, plus simple, plus moral, plus clair, avec un droit *ad valorem*. Cela se fait partout autour de nous. Que l'on consulte les prix courants commerciaux de Calcutta, Rangoon, Java, tous pays de « possession » comme le nôtre : le droit égal pour toutes provenances, même celle de la Métropole, est (1) en moyenne de 5 % dans l'Inde, de 6 % à Java ; les spiritueux, les armes et les munitions seuls étant toujours lourdement frappés. En Birmanie, pas de droit du tout, sauf sur le sel et les spiritueux. A Siam, 3 % sur tous produits. Ce sont bien là des tarifs fiscaux, des taxes modérées, sans distinction de provenance. La perception est facile; elle se fait à bon marché, elle n'a pas à craindre une contrebande active, le profit n'en valant pas le risque. Prenez un prix courant de Java, qui, après tout, reste le modèle des colonies « de rapport », vous y verrez en regard de chaque article d'importation le % des droits à acquitter ; cela se répand dans le monde entier pour la parfaite clarté des affaires. Nous en sommes loin à Saïgon.

Quatrième conclusion. — Le tarif général, avec ses difficultés d'application, est dangereux pour notre réputation commerciale et administrative.

Effet de la Douane par rapport à la France
Prix de revient — Transports

Si encore les sacrifices qu'on nous impose nous donnaient la satisfaction « patriotique » de voir affluer ici nos produits nationaux! Mais non.

Les tableaux que nous pouvons dresser sont malheureusement très imparfaits, ils prouveront le mal que la douane fait à nos importations, plutôt que l'insuffisance de la protection. Nous aurions voulu étayer ce chapitre de statistiques détaillées et nombreuses; mais nos anciennes statistisques simples, comme celles d'un commerce libre, ne sauraient fournir les éléments de comparaison efficace avec celles de la douane très minutieuses et groupées différemment. Nous aurions aimé aussi à comparer des poids et non des valeurs: ceux-là sont fixes, celles-ci varient. Nous ne pouvons même pas choisir quelques articles simples, comme la farine, parce que les fournitures de l'Administration, exigées récemment d'origine française, sont venues fausser nos chiffres purement commerciaux. De même pour les fers. Aussi nous allons surtout comparer des prix de revient.

---

(1) Voir les prix courants des pays mentionnés.

Cependant voici, pour les cotonnades, un tableau à peu près juste :

TISSUS DIVERS ET COTONNADES

importés pendant les premiers semestres des années suivantes

	FRANCE	ÉTRANGER	TOTAL
1884	p 40.877	p 1.320.733	p 1.361.610
1885	p 24.046	p 1.022.462	p 1.056.508
1886	p 24.663	p 1.128.069	p 1.152.732
1887	p 33.660	p 1.357.013	p 1.390.673
1888	p 86.684	p 743.850	
Plus le Cambodge en transit.....		p 51.360	
		p 795.210	p 891.894

Nota. — Dans les statistiques précédentes, le Cambodge achetait à Saïgon. Aujourd'hui les tissus à cette destination passent ici en transit. Voilà pourquoi nous les avons ajoutés en 1888.

La première chose qui frappe à l'examen de ces chiffres, c'est la diminution énorme du chiffre total en 1888, diminution qui, comme on le verra plus loin, n'est pas entièrement due à la douane. La seconde remarque qu'ils suggèrent, c'est qu'il y a en effet augmentation de l'importation de France, et cette importation, d'après les renseignements pris à la douane même, porte sur des cotonnades blanchies, qui sont entrées pour 80,500 p. sur les 86,684 p. ci-dessus portées à l'origine française. Faut-il en conclure qu'il y a là un commencement heureux ? Non. D'abord il y a toute apparence d'erreur de la part de la douane. Nous nous sommes renseignés auprès des maisons qui ont reçu ces cotonnades françaises, le chiffre total les a d'abord fort étonnées, mais ce qu'elles ont absolument nié, c'est que toutes ces cotonnades fussent des tissus blanchis ; la proportion semble être au contraire : 80 % d'écrus et 20 % blanchis. Qui nous garantit alors l'exactitude des valeurs ? Et puis on peut voir là de louables efforts dont les résultats financiers ne sont pas encore bien prouvés. Bref, il y a augmentation, c'est indiscutable : nous verrons plus loin à quel prix.

Etudions maintenant quelques prix de revient :

(**A**) Les *fers* belges reviennent ici à 18 et 19 fr. par 100 kilos; ces fers inférieurs suffisent pour les constructions, les ponts, la charronnerie, et n'y seront pas remplacés par de plus chers. Les fers anglais valent 20 à 22 fr. ; les fers français 26 à 28 fr. La taxe de 21 % est donc insuffisante, d'autant plus que d'Anvers les frets sont meilleur marché que des ports de France, même de Marseille.

(**B**) Les *aciers* français et étrangers reviendraient à peu près au même prix'; mais comme nos aciers sont faits avec de la fonte d'affinage que la France ne possède pas, ils sont donc frappés à leur entrée ici de 2 fr. par 100 kilos (n° 199). On n'ira pas aux aciers français.

(**G**) Les *cordages* sont encore plus loin de compte; ceux fabriqués en France avec des chanvres étrangers payent ici 4 fr. 25 (tarif spécial) par 100 kilos, les étrangers payent 16 francs; mais comme ceux-ci coûtent là-bas 20 et 25 fr. meilleur marché, il n'y a aucune apparence qu'ils cèdent la place aux nôtres. (*Voir page 17.*)

(**D**) Pour la *farine*, nous prendrons pour bases les qualités moyennes des fournitures de l'Administration. Les trois sortes employées ici reviennent à peu près à :

Française	p. 12 25 les 0/0 kilos 8 0/0 gluten.
Américaine	p. 7 75 les 0/0 kilos 6 0/0 id.
Australienne	p. 7 80 les 0/0 kilos 8 0/0 id.

Ici encore le droit de 27% est insuffisant, et quant aux qualités elles se valent. De plus, la question de l'origine des grains n'a pas été officiellement réglée, et si, comme c'est la loi, nous devons encore payer le droit de matière première, il n'y a pas de raison pour que cela finisse, car telles sont en effet les conséquences de la protection !

Le *Journal d'Haiphong*, dans son numéro du 26 juillet dernier, calculait que si l'Administration du Tonkin avait fait ses adjudications dernières en farine française au lieu de farine américaine ou australienne, elle aurait dépensé 931,500 francs de plus qu'elle n'a fait, sur une fourniture de 954,900. C'est à peu près 100 %'! Les origines étant facultatives, on demanda dans les soumissions 62 fr. 88 pour la farine française, et 37 fr. 83 pour l'australienne et l'amércaine, dont 6 francs de droit, net 31 fr. 83. L'Administration du Tonkin a dédaigné la protection pour sauver sa caisse. Elle a toute notre admiration.

Voilà donc une protection douanière bien insuffisante! Nous parlions de barrières : les étrangers sautent encore plus haut que cela.

M. le directeur général dit, du reste, page 54, dans le rapport que nous avons déjà cité (1) :

« Pour établir une protection absolument efficace, il y aurait lieu
« de relever certaines taxes du tarif général qui sont insuffisantes
« pour permettre aux fabricants français de lutter avec les concur-
« rents étrangers. » Et il cite les tissus et les filés de coton; il aurait pu en citer bien d'autres, ainsi qu'on vient de le voir.

On peut avancer que les industriels de là-bas, que les négociants d'ici n'ont pas eu le temps de s'outiller, de s'organiser, que les métiers et les arrangements ne sont pas au point. Voici un an cependant qu'on nous écrase en leur faveur, et d'autres auraient eu le temps d'en profiter. Mais nos industries, endormies par la protection à outrance qui est de mode chez nous aujourd'hui, perdent de vue la nécessité du renouvellement des outillages. Faut-il changer une largeur d'étoffe pour fabriquer une pièce qui plaise aux habitudes annamites, c'est trop de peine ; il est plus commode que le peuple que l'on veut exploiter modifie lui-même ses habitudes. La modification de l'outil eut pris un mois, celle des habitudes prendra des années et ne se fera peut-être jamais. N'importe! Eh! les étrangers sont plus éveillés que cela.

Une chambre des députés, un ministre soucieux de notre prospérité auraient dit aux industriels qui ont provoqué le vote de février 1887 : « Fabriquez d'abord des étoffes d'essai dans le genre
« demandé par les clients que vous visez; puis quand vous aurez
« des comptes de vente, des résultats, alors on vous donnera, selon
« ce qu'ils seront, 10, 20, 50 % pour vous assurer ce marché contre
« la concurrence étrangère. » Mais non ; on est parti pour la protection sans savoir ce qu'elle rendrait, et c'est maintenant que les industriels protégés envoient des délégués dans nos pays, pour voir ce qu'on y peut faire. Ces délégués, comme M. Gerbier, dans le *Courrier d'Haiphong*, déclarent que les 23 % de droits sur la cotonnade anglaise ne suffisent pas et qu'il faut aller plus loin, qu'il faut aller jusqu'au bout! (Numéro du 4 mars 1888.)

Du reste, ce n'est point à l'intervention de ces délégués de passage que les affaires peuvent devoir un progrès quelconque. Le com-

---

(1) Voir la *France Commerciale* des 5 et 20 septembre 1888.

merce saïgonnais n'est plus un enfant. Les maisons les plus sérieuses ont essayé dès longtemps de tout, elles sont parfaitement organisées et peuvent opérer à de bien meilleurs prix que qui que ce soit. Elles sont convaincues qu'à part quelques rares articles, la production française ne gagnera rien à la protection.

Faut-il donc, en effet, aller jusqu'au bout ? Faut-il écouter les « marchands de chandelles » (1), et déclarer la prohibition ? Faut-il seulement, si on est optimiste, espérer que dans cinq ans nos manufacturiers nous fourniront des produits selon nos goûts, avec des droits moyens portés à 50 %? Mais dans cinq ans la Cochinchine aura payé 20 millions de douanes! Elle sera épuisée, n'aura plus de commerce et ne pourra plus profiter des immenses bienfaits de la protection et de la supériorité incontestable des produits nationaux.

Passons des détails à l'ensemble. Voici le tableau des importations totales pendant les *premiers semestres* des dernières années et de celle-ci :

ANNÉES	FRANCE	ANNAM ET TONKIN	ÉTRANGER	TOTAUX
1884	1.176.084 p.	439.712 p.	4.801.998 p.	6.417.794 p.
1885	1.345.634	215.736	4.425.995	5.987.365
1886	1.033.443	441.110	5.887.877	7.362.430
1887	968.180	181.073	6.506.710	7.655.974
1888 (2)	1.075.600	373.740	4.196.000	5.645.340

Ainsi donc pendant ce premier semestre de 1888, la France n'a

---

(1) Bastiat, *Sophismes économiques.*
(2) Extrait des tableaux de la Douane non encore publiés :

	DE FRANCE	DE L'ÉTRANGER	DU TONKIN
	4.302.383 fr.	26.489.008 fr.	2.581.478 fr.
A déduire monnaies et métaux précieux......................	»	9.704.651	1.196.506
Net.....................	4.302.383	16.784.357	1.494.972
En piastres à 4 francs...	1.075.600	4.196.000	373.740

pour ainsi dire rien gagné sur les années de liberté commerciale, elle a même à de certaines époques fait de bien meilleures affaires avec nous. Le Tonkin a plutôt perdu, et quant à l'étranger, c'est-à-dire quant à *notre commerce*, il fait une chute de 2,300,000 p. ! — Voilà le seul résultat réellement prouvé du régime douanier en Cochinchine ; voilà ce qu'a coûté l'importation douteuse de quelques pièces de cotonnade nationale.

L'infériorité dans laquelle se trouvent nos produits français pour la vente en concurrence avec les étrangers, ne tient pas seulement à la cherté des matières premières qui manquent la plupart à notre patrie, à la cherté de la main-d'œuvre qui s'y montre d'une exigence ruineuse ; elle tient encore à la cherté des transports maritimes entre la France et nous.

Ces transports ont été faits pendant longtemps par la seule ligne des Messageries maritimes, qui chargeait à Marseille et usait naturellement de sa situation privélégiée pour maintenir des frets élevés.

D'autre part, le roulage à travers la France, très coûteux par les voies ferrées, venait encore entraver tout mouvement de marchandises du Nord industriel vers nous.

Depuis deux ans, les Messageries ont un service reliant le Havre et Bordeaux avec les bateaux de Marseille. Depuis quatre à cinq ans aussi, une ligne anglaise, la ligne Gellatly, fait des voyages réguliers entre Anvers, Dunkerque, Bordeaux, Penang, Singapore, Saïgon, Haiphong, Hongkong. C'est un progrès, et les marchandises du Nord, étoffes et fers, peuvent nous venir directement. Mais ces deux lignes, seules à nous desservir, ont des frets beaucoup plus élevés que la moyenne des cours pratiqués entre Londres Liverpool, Manchester, les Détroits et la Chine, par les flottes de vapeurs libres, allemands, anglais, suédois, qui font constamment la navette sur le grand chemin d'extrême Orient. La différence est telle que nous pouvons encore acheter à Singapore nos cotonnades et beaucoup d'autres produits, et les amener ici, malgré le fret complémentaire et les frais de transit, à meilleur marché qu'ils ne reviennent directement d'Europe par nos lignes actuelles.

Peut-on dire que c'est là un commencement, et que dans un avenir prochain, par suite des frets français déterminés par la protection, les steamers libres entreront en concurrence avec les lignes actuelles ? Nous ne le pensons pas, et voici pourquoi :

Les steamers libres partent d'Angleterre avec des *chargements complets* pour une *seule destination* ; il faut pour cela des frets de sortie abondants, des fonds de chargement comme le charbon, qui manquent à la France ; il faut encore à la destination une certaine puissance de consommation, comme celle de Singapore qui est l'entrepôt de tous les Détroits, puissance que nous n'avons nullement. Nous ne réunirons pas avant bien longtemps ces deux conditions *indispensables* du fret à bon marché.

Peut-on espérer que sur ce grand va-et-vient de tonnage entre la Chine et l'Europe, il s'en trouvera une partie qui consentira à faire escale sur les côtes de France et à Saïgon pour les quelques petits lots que notre trafic peut offrir ? Pas davantage ; ne serait-ce qu'à cause de notre situation géographique, à 40 milles de la mer, qui cause une perte de 48 heures en dehors du temps nécessaire aux opérations de débarquement. Mais ce n'est pas tout : un steamer de 2.000 tonnes, par exemple, dépensera ici 320 p. de pilotage, montée et descente ; et si parce qu'il vient d'Europe il est exempté des droits de port à l'entrée, il ne pourra rien prendre à la sortie sans acquitter des droits dans la proportion de ce qu'il chargera ; et ces droits sont de 0 p. 15 par tonneau (ils étaient de 0 p. 19 il y a quelques jours, et l'an dernier de 0 p. 24) ; donc pas de fret de sortie pour lui.

Voilà donc un steamer qui, pour participer à nos transports, doit se résigner : 1o à perdre le temps et les frais de l'escale ou des escales de France, que nous n'évaluerons pas ; 2o à perdre 2 jours de route et 2 jours de séjour à 250 p. au moins, soit 1,000 p. ; 3o à payer 320 p. de pilotage ; 4o à risquer nos dangers de rivière et nos formalités, doublement dangereuses à cause de la Douane et de la régie d'opium, qui ont déjà été funestes à plusieurs navires ; 5o à renoncer au fret de sortie qui entraîne des droits de port. Avant bien longtemps, les frets que nous pourrons offrir ne suffiront pas à compenser de tels inconvénients.

Enfin notre rade n'est pas gréée pour les débarquements difficiles ; on nous refuse de lourdes pièces, faute de quais et de grues, car en dehors de la marine de l'État, les moyens de force nous font tout à fait défaut.

Pour toutes ces raisons, l'ère des frets bon marché entre la France et Saïgon n'est pas près de s'ouvrir, et ce n'est pas la moindre cause d'inutilité de la protection accordée, à nos dépens, aux marchandises françaises.

Et tout cela pour quel résultat, en admettant qu'on en atteigne un ?

L'importation des cotonnades est d'environ 2,000,000 p. ou 8,000,000 francs, en y comprenant les tissus divers (sauf les soies) et les vêtements confectionnés. En y ajoutant les autres produits dont la France pourra par la suite s'assurer la fourniture exclusive, nous ne pensons pas qu'on puisse arriver à plus de 15,000,000 francs. Voici le relevé de nos importations depuis 1883, déduction faite des métaux précieux et des chargements direct de l'État :

1883	12.064.573	piastres,	année complète.
1884	13.484.421	—	—
1885	12.254.199	—	—
1886	14.698.542	—	—
1887	11.641.053	—	—

dont il convient d'abord de déduire 5,000,000 p. annuellement pour les produits exotiques, tels que l'opium, le pétrole, le thé, les papiers chinois, les soieries, les produits chinois de toute nature, les gunnies. Reste pour les provenances d'Europe :

1883	7.064.573 piastres			28.256.000 francs.
1884	8.484.421 —			33.942.000 —
1885	7.254.199 —	à 4 francs		30.016.000 —
1886	9.698.542 —			38.792.030 —
1887	6.641.053 —			26.564.000 —

Moyenne de ces 5 années... 31.510.000 francs.

Mais remarquons d'abord que cette moyenne a été singulièrement favorisée par les affaires de transit et de fournitures auxquelles ont donné lieu les événements du Tonkin jusqu'en 1886, affaires qui ont disparu de chez nous depuis lors, parce que le Tonkin a pris l'habitude de s'approvisionner directement et que les fournitures de l'Administration s'y sont faites directement aussi. En 1887, nous devions être revenus à nos transactions à peu près normales, toute cause « d'inflation » ayant disparu. Mais une chute de 12 millions ne peut entièrement s'expliquer ainsi, et il a fallu la Douane pour l'aggraver à ce point. Dans quelle proportion ? cela est difficile à chiffrer, mais la pression est formelle.

Remarquons ensuite que parmi la somme des produits européens, il en est que la France ne peut nous fournir, le charbon par exemple ; et que beaucoup d'articles, comme les vins et les spiritueux, les conserves, le ciment, lui sont acquis depuis longtemps sans protection aucune. Ainsi le chiffre des importations de France en marchandises était pour le commerce :

```
En 1883  1.586.000  piastres  )            (  6.344.000 francs.
   1884  1.988.000     —       )            (  7.952.000    —
   1885  1.291.000     —       }  4 francs  {  9.164.000    —
   1886  2.007 000     —       )            (  8.628.000    —
   1887  2.022.000     —       )            (  8.088.000    —
```

soit 7 à 8 millions de francs à déduire de ce qu'elle pourra gagner sur nos importations à l'aide de la protection.

Enfin les affaires diminueront graduellement, d'abord à cause de la cherté des produits, ensuite à cause de l'épuisement progressif du pays.

Toutes ces considérations nous semblent justifier l'estimation de 15,000,000 francs que nous avons faite des affaires pouvant résulter pour notre patrie de l'application du régime douanier. Or l'exportation française oscille autour de 3 milliards ! Une goutte d'eau !

Et sur ces 15,000,000, que gagneront nos industriels : 15 % ? C'est beaucoup ; soit, cependant. Cela fait 2,250,000 francs. Et c'est pour cela qu'on nous prend d'abord 20 millions inutilement, avant tout succès, et qu'on continuera à nous en prendre annuellement 2 ou 3 ?

Nous avons admis que les importations de cotonnades françaises constituaient un succès, mais nous avons montré aussi que nous avions renoncé à acheter en France plusieurs produits que nous y achetions quand on nous y considérait comme étrangers. Enfin et surtout, nous avons constaté le coup porté à nos affaires générales. Voilà ce qu'on voit, le mal ; et voilà ce qu'on ne voit pas encore, le succès !

En vérité, est-ce sensé, est-ce juste ? Ce qui nous coûtera la vie à coup sûr n'est qu'une brioche pour la France, et peut-être même pas cela !

Cinquième conclusion. — L'utilité du régime protecteur est plus que douteuse au point de vue de l'industrie nationale. Elle ne pourra en tous cas se produire avant plusieurs années, et quand ce pays épuisé de taxes ne pourra plus rien acheter aux industries protégées.

Opportunité de la Douane par rapport à l'état financier
de la Cochinchine

En 1886, le budget de cette colonie était de 5,600,000 p.

En 1887, brusquement il a été porté en francs à 30 millions, qui dans la réalité payés en piastres au change moyen de 4 fr. auquel on a acquitté les taxes, firent un budget de 7,500,000 p. (1).

Ainsi donc voilà d'un jour à l'autre un budget augmenté de 1,900,000 p. ou 33 %.

En 1888, même chiffre de 7,500,000 p., les douanes remplaçant à peu de chose près, en tant que chiffre de recettes, les bourses de commerce supprimées.

Et encore, en cette année néfaste de 1888, le 1/3 environ de ces 7,500,000 p. nous est enlevé pour aller subventionner le Tonkin et l'Annam.

Nous ne discutons pas l'opportunité ni la justice de cette mesure imposée à la Métropole par le besoin d'argent, nous voulons seulement montrer ce qui en résulte pour nous, et l'état dans lequel elle est venue nous frapper.

La Cochinchine, avec ses 1,800,000 habitants, dont 1,000,000 à peu près d'hommes valides ou de femmes travaillant pour gagner la vie de leur famille, supporte un impôt apparent de 7 p. 50 ou 30 fr. par paire de bras utilisables, dont 10 fr. ne sont pas redépensés dans le pays même. Il convient de dire que cette quotité est lourdement aggravée par ce qui reste aux mains des autorités indigènes chargées des recouvrements, et par les charges communales et régionales ; cela ne se chiffre pas facilement.

La douane est comptée au budget de 1888 pour 1,000,000 p. ou 4,000,000 de francs environ. Elle fait partie des 30 fr. ci-dessus, mais son effet ne se borne pas au payement des droits à l'entrée, il se répercute d'intermédiaire en intermédiaire jusqu'au consommateur, ainsi que nous allons le montrer, et son poids augmente très probablement du tiers ou même de la moitié chez l'épicier détaillant, chez le colporteur qui vend directement au peuple. En effet :

Prenons la cotonnade, qui est frappée d'un droit moyen de

---

(1) Dont l'adjudication des « Bourses de commerce » et leurs effets désastreux.

23 %, le tiers de la valeur ancienne, argent blanc qu'il faut trouver. Or, si les intérêts dans Cholon, ville chinoise, notre entrepôt commercial, sont de 15 à 18 %, ils atteignent dans l'intérieur 36 à 50 % ; et c'est naturellement de ce dernier taux que se trouve grevé le stock de l'épicier des villages.

D'autre part, les formalités et les retards à la Douane et aussi les risques qui en résultent pour le batelier, ont fait tripler le prix du débarquement ; il y a des allèges qui restent 4 à 5 jours à attendre la vérification. L'examen des étoffes occasionne un déchet de 2 à 3 %. La valeur de la marchandise, ainsi forcée, légitime une exigence plus grande de la part du marchand ; son risque, son déchet en magasin sont plus lourds en même temps que sa vente se restreint et que ses encaissements sont plus difficiles. Nous parlons des cotonnades, *ab uno disce omnes :* 33 à 50 %, disons-nous, à la réalisation définitive entre les mains du peuple ; 5 à 6 millions et demi de francs au lieu des 4 de l'entrée !

Et notez que ce ne sont pas seulement les produits étrangers qui ont augmenté par suite des droits nouveaux, mais les indigènes aussi. Le bois du pays s'est mis au niveau de celui de Singapore, qui nous venait en grande quantité ; l'huile de coco a suivi le pétrole, son concurrent ; la chaux, le sucre, les noix d'arec, etc. On dira que la compensation s'établit de Pierre à Paul ; il n'en est pas moins vrai que la douane a alourdi la vie de tous de 35 à 57 %, surtout celle des plus intéressants, des cultivateurs, des ouvriers indigènes, dont la vie matérielle compose toute la dépense, car cette vie est frappée en tous ses éléments.

Voilà donc, à peu près établi, le poids des impôts que supporte la Cochinchine en 1888.

Nous allons maintenant montrer les ressources dont elle dispose pour y faire face.

La Cochinchine est un pays riche, mais qui n'a qu'une seule source de richesse : le riz. Il en dépend entièrement. Les autres produits d'exportation viennent pour la plupart du Cambodge et ne lui laissent que des commissions au passage. Quand le riz se vend mal, la situation est compromise. Voici, d'après les bulletins de la Chambre de commerce, les statistiques de nos exportations de produits depuis cinq ans :

1883.	Riz et paddy.................	p. 12.326.842	15.937.852
	Divers produits..............	3.611.010	
1884.	Riz et paddy....	11.987.495	15.553.047
	Divers produits..............	3.565.552	
1885.	Riz et paddy.................	11.034.890	14.858.598
	Divers produits..............	3 813.708	
1886.	Riz et paddy.................	12.505.940	15.168.979
	Divers produits..............	2.663.039	
1887.	Riz et paddy.................	10.595.867	13.004.792
	Divers produits..............	2.408.925	
1888.	Pas encore possible de déterminer, mais très probablement		12.500.000

A ce tableau il est nécessaire d'ajouter les exportations de riz
pendant la même période, en piculs :

1883......................	8.648.000 piculs (60 k 700)
1884......................	8.580.000 »
1885......................	7.501.000 »
1886......................	7.915.000 »
1887......................	8.011.000 »

Différence en moins en piastres entre les extrêmes :

15.937.852		
13.004.792	p.	2.933.000

Différence en moins en piculs de riz entre les extrêmes :

8.648.000		
8.011.000	piculs	637.000

En ce qui concerne le riz, nous constatons avec soulagement que
la perte tient à la baisse des prix plutôt qu'à celle des productions.
Cependant on s'en va répétant volontiers que la culture s'étend
chaque année. Il se peut qu'il y ait plus de déclarations de proprié-
tés, mais pour nous, nous avons toujours pensé qu'un peuple qui
n'augmente pas en nombre et qui est sollicité depuis 25 ans par un
commerce libre, a atteint depuis longtemps son maximum de production. En tous cas, la perte en piculs suffit à nous ouvrir les

yeux sans être bien inquiétante. Quant à celle des valeurs, elle est considérable ; le picul de paddy commun valait 1 p. 35 le 1ᵉʳ août 1885,1 p. 41 le 1ᵉʳ août 1886,1 p. le 1ᵉʳ août 1887 ; il vaut 1 p. 02 le 1ᵉʳ août 1888, soit une baisse de 25 %, mais qui tient surtout aux belles récoltes de Chine. Les cours peuvent donc se relever.

En ce qui concerne les produits divers, le mal est moins grand aussi qu'il ne semble, parce que ces produits nous viennent pour la plupart du Cambodge. La guerre et les insurrections de ce pays ont porté un coup rude à sa culture et à l'exploitation de ses forêts. C'est donc là surtout une plaie commerciale pour la Cochinchine, qui en est peu touchée dans ses revenus agricoles.

Quoi qu'il en soit, ce sont là les seules ressources du pays, c'est sur ces réalisations qu'il vit, paye ses impôts de toute sorte, fait ses aménagements, constitue l'épargne indispensable à son développement agricole. Si les belles années qu'il a connues lui ont permis de résister aux désastres récents, il y a quelque apparence qu'il est à bout de réserves aujourd'hui.

Laissons de côté les produits divers :

Entre 1886, 12,505,910 p. de riz vendu, et 1887, 10,595,867 p. le déficit des revenus est brusquement de 1,910,073 p ; plus de 15 %, et c'est précisément cette année-là que le budget, ainsi que nous l'avons montré, était porté de 5,600,000 p. à 7,500,000 p ? 33 % de plus et 15 % de moins, c'est une chute de 48 % dans le revenu resté aux mains des habitants !

En 1888 cela s'accentue, car alors que, selon toute probabilité, les réalisations perdront encore 500,000 p., on prend le tiers des recettes pour aller les dépenser ailleurs, et voilà 2,800,000 p. qui ne se répandront plus dans le pays par les mille canaux budgétaires qui les y reportaient autrefois.

Enfin, autant que l'on peut parler de la récolte de 1889, les rapports des administrateurs et les remarques de notre propre expérience sont d'accord pour la juger mauvaise. Nous voici au milieu d'août, sans pluies, les semis en sont partout compromis. L'inquiétude des indigènes est grande, celle du commerce aussi.

Et c'est ici le moment de faire une déclaration formelle :

Nous nous rendons très bien compte, comme on vient de le voir, de notre situation ; nous ne chargeons pas aveuglément la Douane de tout le mal qui nous arrive. Ce rapport est très franc. Mais aux lois générales de la production et de la consommation, de l'offre et de la demande, nous ne pouvons rien et on ne peut rien pour nous. Si le régime douanier avait été appliqué sur le pays florissant que nous étions en 1883, lors du fameux vote d'acquiescement, nous n'aurions peut-être pas souffert au point d'en crier ; mais on a négligé de s'informer à nouveau en 1887, et on a appliqué à un corps affaibli par des calamités inéluctables, un vésicatoire violent qui l'épuisera.

Or, si on ne peut rien aux premières causes du mal, on peut tout à la dernière ; voilà pourquoi nous nous en prenons à la Douane.

Sixième conclusion. — Il était impossible de choisir un plus mauvais moment pour établir le régime douanier en Cochinchine. Il aurait suffi de la consulter pour renoncer à ce projet.

Commerce européen — Faillites — Budget — Tranquillité Avenir

RELEVÉ DES FAILLITES
D'après les registres du Greffe du Tribunal de Saïgon

Année 1885....	5 Faillites.....	Européenne...	
....	2 Id........	Asiatique.....	
1886...	1 Id........	Européenne...	28 °/o divid.
....	4 Id........	Asiatique.....	10, 40, 100 °/o divid.
1887...	1 Id........	Européenne...	50 °/o divid.
....	2 Id........	Asiatique......	0, 10 °/o divid.
Année 1888....	Européen......	4 janvier.....	20.000 p. passif.
....	Id...........	24 janvier.....	6.000 » »
....	Id...........	22 février.....	6.000 » »
....	Id,...........	18 avril.......	24.000 » »
....	Chinois........	8 mai........	8.000 » »
....	Européen	15 mai........	? » »
....	Id...........	15 juin........	? » »
....	Chinois	16 juin........	12.100 » »
....	Id...........	17 juin........	? » »
....	Européen	9 juillet.....	26.588 » »
....	Id...........	11 juillet......	43.000 » »
....	Id...........	11 juillet......	? » »
....	Id...........	11 juillet......	? » »
....	Chinois.	14 août........	? » »
....	Id...........	14 août........	? » »

NOTA. — Nous avons lu les noms des faillis ainsi que les chiffres des dividendes qui pour les faillites récentes ne sont rien moins que certains. La pièce du greffe est au dossier avec les détails.

Cette liste est éloquente; nous n'avons rien à dire de plus fort. Et ce n'est pas encore là tout le mal, car les affaires de l'intérieur, presque entièrement aux mains des Asiatiques, ont eu aussi leurs sinistres. Les déconfitures chinoises qui se sont produites depuis six mois, sont nombreuses, mais elles se règlent devant le grand conseil des congrégations. Ne viennent à nos tribunaux, à notre connaissance officielle, que celles où des intérêts européens sont compromis. Nous pouvons donc montrer beaucoup de mal, mais non tout le mal.

Nous nous sommes tenus jusqu'ici au point de vue général. Nous avons considéré la Colonie dans son entier. Le sort des colons européens, leur succès est intimement lié à celui du pays; ils ne font de commerce et ne réussissent d'industries qu'autant qu'il est prospère. C'est pourquoi nous avons voulu d'abord achever les fonds du tableau pour y détacher, y peindre plus vigoureusement la situation qui leur est faite aujourd'hui.

Il faut distinguer ici deux sortes de commerce européen : le commerce extérieur et le commerce de détail. Le premier, qui vivait d'importation et de vente en gros, voit ses transactions tomber de 40 %, puisqu'il s'adressait directement à la fortune asiatique, si brusquement arrêtée. En effet, le développement de l'aisance, sous le régime de liberté commerciale que nous avons connu jusqu'à l'an dernier, avait été rapide et portait les indigènes à se procurer nos objets utiles ou luxueux. Le commerce de détail, qui fait aussi sa part d'importation directe, vivait plus spécialement du budget. Son champ d'opérations a toujours été assez limité. Son meilleur sillon était les grands travaux coloniaux : ils sont supprimés. Un autre encore était l'approvisionnement de la vie européenne à Saïgon et dans l'intérieur; la Colonie blanche se compose pour les 8/10es de fonctionnaires; la situation de ceux-ci a été réduite de 20 %, leur nombre a diminué; leurs dépenses se sont rétrécies en proportion. On peut donc nous objecter que les décrets de 1887, qui ont fait l'Unité indo-chinoise sur notre dos, ont causé plus spécialement la débâcle du commerce de détail, et que la Douane n'y est que pour peu de chose. Il n'en est pas moins vrai que le mal est partout, d'où qu'il vienne, du reste, et qu'il faut y remédier.

Une cause très importante aussi de la crise et qui aurait mérité un chapitre, si ce n'eût été répéter ce qu'on a dit et écrit cent fois, c'est la baisse de la piastre. Tout ce qui a été fondé ici, tous les capitaux qui s'y sont fixés, circulation de banque, industrie, navigation, immeubles, fonds de commerce, tout enfin a perdu 20 %, 15 %, 10 %, 5 % de sa valeur, selon que l'époque de l'immobilisation en est plus ou moins reculée.

La propriété urbaine surtout a été durement frappée, car depuis six mois les taux de location ont baissé de 10 et de 20 %, et bien des immeubles sont vides.

Nous ne voulons que dire un mot, en passant, du budget local. Il nous restait cette année environ 18 millions de francs à dépenser dans le pays, après la saignée de la subvention. Eh bien, cela s'est trouvé tellement insuffisant que nous avons déjà absorbé en son entier la caisse de réserve de 3 millions ! Ainsi, pendant que le pays épuise son épargne, le Trésor épuise aussi la sienne. Aussi, gare aux déboires sur les recettes de l'opium et des alcools ; gare aux insuffisances de l'an prochain, si nous avons une mauvaise récolte!

Quant au budget de la Métropole, nous ne nous faisons pas d'illusion. Si, quand on nous a appliqué le tarif, la protection a été la « cause » de la Douane, elle n'en serait plus aujourd'hui que le « prétexte, » et le besoin d'argent l'a remplacée. Il faut donc que nos législateurs soient bien convaincus que la mère nourricière de l'Indo-Chine est en danger, et que le jour où elle sera morte on n'en tirera plus rien !

En ce qui concerne la tranquillité politique du pays, on peut affirmer, sans insister, qu'elle est moins complète aujourd'hui ; il suffirait peut-être d'une mauvaise récolte comme celle qu'on craint en 1889, pour la compromettre.

Enfin, Messieurs, il était un horizon vers lequel tous les yeux se tenaient fixés : la vallée du Mékong.

Les travaux de Doudard de Lagrée et de ses compagnons, ceux de M. Pavie, du commandant Réveillère et de son lieutenant de Fésigny, le dernier voyage de M. Camille Gauthier, avaient éclairé peu à peu l'opinion sur la possibilité de l'accès de cette vallée par le fleuve, et aussi sur les tentatives continuelles et hardies que font à Siam les Anglais pour nous y précéder. Nos précédents budgets locaux avaient fait de gros sacrifices pour y lancer nos lignes coloniales de navigation. Le commerce saïgonnais, à même de puiser à toutes les sources de produits européens, d'acheter au meilleur marché et librement les marchandises les mieux appropriées aux besoins des indigènes, rêvait de conquérir à bref délai et pacifiquement ce nouveau domaine à la France.

Et voilà que pour un intérêt mesquin, pour la protection de quelques-uns, protection impuissante en réalité, cette œuvre glorieuse et utile est arrêtée! On ferme par des barrières infranchissables l'estuaire de nos voies de pénétration !

Mais c'est donner à Siam, qui n'a que 3 % de droits fiscaux à l'entrée, toute liberté de nous évincer, toutes facilités d'accaparer à son profit le commerce énorme que la nature nous avait réservé! Une ligne ferrée reliera bientôt Bangkok à Korat, à moitié chemin du Mékong ; elle avait été lancée timidement, craignant notre concurrence; la voilà seule maintenant ; elle s'allongera rapidement, se ramifiera, et quand nous reviendrons forcément, après la ruine, *au régime de liberté, qui est la condition* « sine quâ non » *d'un commerce de colonisation*, nous trouverons la place prise !

Septième conclusion. — Non seulement le régime douanier tuera le présent, c'est-à-dire la seule colonie française qui eût des succès budgétaires, la poule aux œufs d'or de l'Indo-Chine, mais encore il fait avorter le développement glorieux du commerce français en extrême Orient.

RÉSUMÉ

Première conclusion :

Le tarif général n'est pas équitable, car nous sommes Français ; il ressemble à une exaction.

Deuxième conclusion :

Le tarif spécial n'est pas fiscal et modéré selon les déclarations des auteurs mêmes du projet de loi ; il édicte des droits réellement protecteurs et inutiles, puisqu'ils frappent des produits non similaires.

Troisième conclusion :

Les charges du régime douanier n'ont aucunes compensations pour nous.

Quatrième conclusion :

Le tarif général, avec ses difficultés d'application, est dangereux pour notre réputation commerciale et administrative.

Cinquième conclusion :

L'utilité du régime protecteur est plus que douteuse au point de vue de l'industrie nationale; elle ne saurait en tous cas se faire sentir avant plusieurs années, et quand ce pays, épuisé de taxes, ne pourra plus rien acheter aux industriels protégés.

Sixième conclusion :

Il était impossible de choisir un plus mauvais moment pour établir le régime douanier en Cochinchine. Il aurait suffit de la consulter en 1887, pour renoncer à ce projet.

Septième conclusion :

Non seulement le régime douanier tuera le présent, c'est-à-dire la seule colonie française qui eût des succès budgétaires, la poule aux œufs d'or de l'Indo-Chine, mais encore il fait avorter le développement glorieux du commerce français en extrême Orient.

En conséquence,

Et nous référant à la déclaration de la page 35,

Nous demandons l'abolition absolue du Régime douanier en Cochinchine à partir du 1er janvier 1889.

Et le plus tôt sera le mieux. Que la discussion du budget de 1889 à la Chambre des députés ne passe pas sans décider la question; il est évident que le doute et l'indécision sont pires que tout mal.

Si on veut nous sauver, il faut le dire de suite, afin que les industriels français ne se lancent pas dans des frais inutiles; si on veut nous achever, il faut encore se presser de le déclarer, pour qu'au moins ces mêmes industriels puissent profiter de nous, tant que nous respirerons.

Est-ce là une chose difficile? Non.

M. Blancsubé, dans la discussion de février 1887, disait :

« Vous établissez la Douane, non par une loi spéciale, mais par
« la loi des finances annuelle; aussi lorsque nous viendrons vous
« dire que nous sommes ruinés et vous demander les moyens de
« continuer à vivre, vous préférerez renoncer à cette loi. »

Il était prophète dans son pays; nous venons demander à vivre !

Les Membres de la Commission,

Al. CORNU, P. FIÈRE, Aug. BOCK.

M. Rolland, absent, avait pris au préalable connaissance du rapport et avait envoyé son adhésion par lettre.

Avant de procéder au vote, M. Curiol demanda à fournir quelques explications :

« Messieurs,

« Lorsqu'on présenta à la Chambre de commerce la question d'opportunité des Douanes en Cochinchine, je fus un de ceux qui votèrent *oui*, mais dans mon esprit elles devaient favoriser les produits français au détriment de ceux étrangers.

« L'expérience a malheureusement démontré que le but n'a pas été atteint, et que *seuls* les consommateurs européens et asiatiques en supportent les droits, sans profit pour nos produits, puisque les marchandises étrangères continuent, comme par le passé, à alimenter notre place.

« Si cet état de choses devait continuer, ce serait, dans un avenir peu éloigné, la ruine complète de notre chère Colonie.

« Voilà pourquoi je me fais un devoir de déclarer aujourd'hui, qu'après l'expérience malheureusement trop concluante qui vient d'être faite, je défendrais mal les intérêts qui m'ont été confiés en ne votant pas la suppression des Douanes en Cochinchine. »

La Chambre de commerce de Saïgon, après une courte discussion, a adopté à l'unanimité les conclusions du rapport et a émis le vœu :

« **Que le régime douanier inauguré en Cochinchine par le « décret du 8 septembre 1887, d'après la loi votée le 11 fé-« vrier précédent à la Chambre des députés, soit absolu-« ment aboli à dater du 1er janvier 1889** ».

Saïgon, le 31 août 1888.

Pour extrait conforme au registre des procès-verbaux de la Chambre de commerce de Saïgon.

Le Président,

Fonsales

La Revue **LA FRANCE COMMERCIALE**, sur l'initiative de
M. Marchal, attaché à l'Administration des Colonies, vient de pu-
blier, pour 1888, le premier **TARIF DES DOUANES COLO-
NIALES.**

Cette publication, autorisée par décision de M. le sous-secrétaire
d'État des Colonies, en date du 8 novembre 1887, contient les renseignements fiscaux indispensables à quiconque veut entreprendre le
commerce aux colonies. Pour les réunir, il a fallu compulser les
documents émanés de l'Administration centrale et les recueils
multiples où se trouvent enregistrées à leurs dates les décisions des
autorités locales.

Chaque colonie possède, en matière de droits d'entrée, de sortie,
d'entrepôt et de navigation, un code spécial dont les éléments
sont disséminés dans un grand nombre de décrets et d'arrêtés. La
recherche, déjà difficile à Paris, du texte de ces actes consignés
seulement, pour la plupart, dans des bulletins imprimés au loin et
dont la collection complète n'existe qu'aux archives du Ministère
de la Marine et des Colonies, devient tout à fait impossible ailleurs. Il a paru bon de mettre à la portée des commerçants et des
industriels de la Métropole, sous la forme d'un manuel succinct et
commode, l'instrument nécessaire de toutes les transactions coloniales.

L'ouvrage, qui sera chaque année réédité, tiendra ses lecteurs
au courant des variations successives de la législation fiscale.

Il se divise en observations préliminaires, et en tarifs classés par
colonies. La table analytique renvoie à des paragraphes très
courts où il est facile de trouver, sans perte de temps, les renseignements cherchés.

En vente : aux Bureaux de **LA FRANCE COMMERCIALE**
97, rue Denfert-Rochereau, et chez M. Challamel, Librairie coloniale, 5, rue Jacob, Paris. — Prix : **5** francs.

LA FRANCE COMMERCIALE

A PARTIR DU 1er JANVIER 1889

LES ANNALES ÉCONOMIQUES

La Revue paraît le 5 et le 20 de chaque mois.

CONDITIONS D'ABONNEMENT

Paris : Un an, **20** fr.; Départements : Un an, **22** fr.
Étranger : Un an, **24** fr.

Les Abonnements partent du 5 de chaque mois.

On s'abonne sans frais dans tous les Bureaux de poste de France et de
l'Union postale.

*Ce Recueil est honoré de Souscriptions des Ministères du Commerce
et de l'Industrie, de l'Agriculture, de la Marine et des Colonies,
du Conseil municipal de Paris, des Grandes Administrations de
l'État et des Principales Écoles de Commerce de France et de
l'Étranger.*

Armand MASSIP, *Directeur-Gérant;*
Émile BERR, membre de la Société d'économie politique,
Rédacteur en chef.

COMITÉ DE RÉDACTION :

MM.

BARBE, député; BARBEY, ✳, sénateur; BURDEAU, ✳, député;
E. CHABRIER, O ✳, administrateur de la Compagnie générale
transatlantique; G. COMPAYRÉ, ✳, et Paul DESCHANEL, ✳,
députés; Léon DONNAT, O ✳, membre du Conseil municipal de
Paris; Eugène ÉTIENNE, Félix FAURE, ✳, Fernand FAURE,
GERVILLE-RÉACHE, JAMAIS, JAURÈS, JOUFFRAULT, députés;
JOURDAN, ✳, directeur de l'École des Hautes Études commerciales;
DE LANESSAN et A. PRADON, députés; A. RENOUARD, vice-
président de la Société industrielle du Nord de la France;
SABATIER, député; Yves GUYOT, député.

CORRESPONDANTS ÉTRANGERS :

MM.

I.-H. LÉVY, de Londres; V. MATAJA, professeur à l'Université
de Vienne (Autriche); Van HOUTEN, membre de la deuxième
Chambre des États généraux de La Haye; J. WEILER, ingénieur
aux charbonnages de Mariemont et Bascoup (Belgique).

*La France Commerciale contient la reproduction et le commentaire des
principaux articles de Revues et de Journaux et des documents officiels récemment publiés, les comptes rendus de conférences, l'analyse des ouvrages
nouveaux, et — dans une Revue Économique générale — l'ensemble des
informations relatives au mouvement industriel et commercial de la France
et de l'Étranger.*

*Aux mains de tous ceux qu'intéressent les questions économiques, elle cons-
titue un résumé complet, une sorte de memento raisonné de tout ce qui s'est
dit ou écrit d'important ou d'original sur ces questions, pendant la quin-
zaine écoulée.*

*La France Commerciale paraît en livraison de 100 pages; elle forme
donc un volume de 1,200 pages, chaque semestre.*

*Grâce au prix très modique de l'abonnement, elle constitue le plus avanta-
geux des ouvrages de vulgarisation économique qui ait été créé jusqu'ici.*

Le Mans. — Typographie Edmond Monnoyer.